DE LA

MEILLEURE GARANTIE

DE

L'ÉQUILIBRE EUROPÉEN

PARIS

GARNIER FRÈRES, LIBRAIRES

6, RUE DES SAINTS PÈRES ET PALAIS-ROYAL, 215

—

1856

DE LA
MEILLEURE GARANTIE
DE
L'ÉQUILIBRE EUROPÉEN.

L'accueil fait, en France, aux nouvelles qui depuis quelques jours préoccupent exclusivement les esprits, est une nouvelle preuve des tendances pacifiques de notre siècle : la guerre est acceptée aujourd'hui comme une cruelle nécessité, quel qu'en soit le motif, quel qu'en soit le résultat.

On rend justice à notre vaillante armée, on s'émeut à la vue de tant de braves versant leur sang pour l'honneur de la France; une vive sympathie, une profonde reconnaissance les accompagnent dans leurs travaux, les accueillent à leur retour; néanmoins on est obligé de reconnaître que la guerre n'est plus dans nos mœurs.

Il est donc notoire que ceux qui ne voient pas dans la gloire des armes le but de toute puissance, de toute grandeur nationale, songent d'avance au dénoûment et surtout aux questions qui préoccuperont les esprits quand le moment sera venu de remettre le sabre au fourreau. C'est dans ce sens que je veux essayer de pressentir la voie que suivra la Russie lorsque son territoire ne sera plus occupé par les armées alliées. Si je m'occupe exclusivement de la Russie, c'est que je n'enseignerai rien de nouveau à ceux qui suivent le cours des événements, en étudiant le rôle réservé à la France et à l'Angleterre au retour de la paix; tandis qu'en ce qui touche la Russie, je pourrai peut-être présenter quelques aperçus qui, s'ils ne sont pas nouveaux, ont du moins jusqu'à ce jour, été complétement écartés dans toutes les discussions qu'a soulevées la question d'Orient. J'essayerai de tracer le rôle que l'empire russe est appelé à jouer dans la grande famille des peuples civilisés, et d'en déduire des conséquences qui souriront à quelques esprits amis du genre humain.

Peut-être réussirai-je à établir qu'en dehors de tout traité, de toute action diplomatique, la meilleure garantie d'une paix solide et durable réside dans la prospérité industrielle et commerciale de la Russie, et que l'Europe entière est par conséquent intéressée au prompt développement de cette prospérité.

Sans nier le moins du monde l'importance des traités, je me demande si les garanties qui en découlent sont aussi solides que celles qui s'établissent sur une base matérielle, sur un fait accompli. La possession de Gibraltar n'assure-t-elle pas bien mieux à l'Angleterre la libre entrée de la mer Méditerranée, que ne l'eût fait toute convention conclue avec l'Espagne à ce sujet? Dans ce cas, la raison du plus fort, cette raison vieille comme le monde, supplée à tout traité.

Partant de là, supposons qu'il fût possible à la France et à l'Angleterre, sans un déploiement de force navale permanent préjudiciable à leur trésor, sans que la Russie s'y opposât jusqu'à son dernier homme, jusqu'à son dernier rouble, d'établir dans la mer Noire un équivalent de Malte et de Gibraltar; cette seule garantie suffirait au maintien de l'équilibre européen, du moins en ce qui concerne la question d'Orient.

Mais, sans imposer à la France et à l'Angleterre des armements dispendieux, sans blesser la Russie dans son légitime orgueil, sans poursuivre un résultat qui menacerait de perpétuer la guerre, si l'on pouvait obtenir l'équivalent de cette garantie, il n'y a pas de doute que les conséquences seraient les mêmes. Or, que la Russie soit mise dans une position telle, que toute guerre devienne funeste à ses intérêts les plus chers, que le maintien de la paix soit pour elle une question de vie ou de mort. Que ce fait s'établisse d'une manière permanente, et la garantie désirée en découlera naturellement : la Russie ne voudra plus la guerre. En un mot : c'est la prospérité commerciale et industrielle de l'Europe qui lui fait redouter la guerre; la prospérité industrielle et commerciale de la Russie, quand elle parviendra au même degré de développement que chez les autres peuples, leur sera un sûr garant des sentiments pacifiques de cet Empire.

On ne peut nier que le meilleur moyen d'empêcher notre prochain de nous nuire, c'est d'attacher son intérêt à notre bien-être. Si l'on pouvait donc établir une solidarité de bien-être et d'intérêts entre la Russie et l'Europe, on assurerait la paix générale; et l'esprit de conquête, que l'on prête à la Russie, ne menacerait plus personne.

J'essayerai maintenant d'établir que cette idée n'est point un rêve irréalisable, mais un résultat facile à obtenir par des voies pacifiques, en dehors de la force des armes.

La Russie n'est pas encore assez généralement connue; c'est un grand malheur pour elle ainsi que pour les autres nations. Qui ne connaît aujourd'hui, du moins sommairement, les institutions, les lois et les usages des peuples de l'Europe centrale? On a étudié leur système gouvernemental et économique; et il en est résulté, dans les rapports internationaux, une sécurité réciproque, qui chaque jour tend à se développer et à rapprocher des peuples qui jadis n'entraient en contact que pour se faire la guerre; leur agriculture, leur commerce, leur industrie, s'engrènent de telle façon qu'il ne peut se produire, dans un pays, un temps d'arrêt sans que le contre-coup ne s'en fasse ressentir dans les autres et n'y occasionne une perturbation fâcheuse. De là cette horreur de la guerre, cette crainte légitime de troubler des relations pacifiques, qui chaque jour tendent à se resserrer.

Je ne citerai, comme preuve de ces tendances, que la mesure prise par le gouvernement autrichien à l'égard de ses chemins de fer, mesure qui rattache au développement de la prospérité publique de l'Autriche une masse imposante de capitaux français, dont l'intérêt bien entendu ne cessera désormais de plaider pour le maintien de bonnes et amicales relations entre les deux pays.

La Russie seule est restée en dehors de ce mouvement, qui tend à rapprocher les peuples de l'Europe. Est-ce sa faute? Est-ce celle de ses voisins? On ne saurait le décider sans entrer dans des considérations approfondies sur les causes qui ont amené la guerre actuelle. Ce n'est pas la tâche que je me suis imposée; je craindrais de tomber sur un terrain battu et largement exploré par la polémique.

Je rappellerai seulement que le point de départ de tous ces événements a été la méfiance, et c'est elle encore aujourd'hui qui, à tort ou à raison, s'oppose en partie au rétablissement de la paix.

Quelles sont les causes de cette méfiance?

Elles sont multiples : d'abord l'immense développement de la force militaire russe, ensuite l'influence du cabinet de Saint-Pétersbourg sur ceux de l'Allemagne, enfin la communauté de religion de la Russie avec les peuples de l'Orient; mais à ces causes il faut en ajouter une que l'on ne cite pas, et qui n'en est pas moins réelle et permanente, c'est l'inconnu, comme je l'ai déjà dit plus haut.

Tandis que le plus timide voyageur en est déjà à son

troisième voyage d'outre Rhin ou de Londres, on croit généralement encore, sauf quelques exceptions, que le cosa-
que mange du cheval cru et que le mougick déjeune de
la bastonnade et dîné du knout; en un mot, que l'ordre
social est tellement arriéré en Russie, qu'il faudrait fouiller
dans les chroniques des premiers jours de la féodalité occi-
dentale, pour y trouver le pendant de ce que l'on suppose
être le régime de la Russie en plein dix-neuvième siècle.

De là cette faveur marquée qui accueille invariablement
l'avalanche de brochures qui, sous des titres plus ou moins
ridicules ou pompeux, ont la prétention de peindre les
mœurs russes et d'initier le curieux au foyer domestique
du peuple slave. Les contes les plus absurdes, les calomnies
même ne sont pas épargnés dans ces œuvres, et adroite-
ment entrelardés de quelques faits authentiques, mais dé-
figurés, de quelques vérités historiques, ils flattent l'opinion
du jour et constituent le plus clair de la science du public
sur la Russie.

L'émigration polonaise, d'une part, et de l'autre les mesures restrictives prises par le gouvernement russe à la
suite des événements de 1848, à l'endroit des étrangers
désireux de pénétrer en Russie, n'ont pas peu contribué à
accréditer les idées fausses enfantées par quelques récits
inexacts et par plus d'un conte absurde.

Est-il étonnant, dès lors, qu'un peuple aussi peu et aussi
mal connu, lorsqu'on le sait, d'ailleurs, grand et fort, ins-
pire la crainte ou la méfiance, surtout lorsque, sans en
connaître le motif, on lui voit donner une extension inusitée
à son armée et à ses flottes? Préoccupé soi-même d'agriculture, de commerce et d'industrie, on se demande pour-
quoi la Russie s'arrête dans cette voie, n'y avance qu'à pas
lents et se laisse distancer par les plus petits États; tandis
que, comme puissance militaire, elle n'a rien à envier aux

peuples les plus avancés. Pendant que le reste du monde est devenu industriel et financier, la Russie, seule, est restée exclusivement militaire.

C'est, si je ne me trompe, de toutes les causes que l'on a fait valoir jusqu'à ce jour, celle qui a le plus excité la méfiance dont, pendant ces dernières années, la Russie a été l'objet.

Pour que cette méfiance disparaisse, il faut donc que la Russie entre dans la voie féconde des grandes améliorations agricoles et industrielles, qui toutes réclament l'établissement d'un réseau de chemins de fer. Elle cessera alors d'être un épouvantail pour l'Europe ; descendue la dernière dans la lice, elle ne tardera pas, grâce à la richesse de ses ressources, à la puissance de sa constitution sociale, à se placer au niveau des nations les plus avancées. Dès lors, loin de menacer l'équilibre de l'Europe, elle contribuerait à le maintenir ; car de cet équilibre dépendraient son bien-être et sa prospérité. — La Russie, ainsi organisée, ne voudrait plus la guerre ; — ce qui constituerait une garantie naturelle plus solide que tous les traités.

Mais cette prospérité de la Russie ne peut s'établir ni par protocole ni par traité ; c'est un but vers lequel elle tend, sans doute, mais il est impossible de préciser l'époque à laquelle elle l'atteindra et les voies qui l'y mèneront. Il ne peut entrer dans la pensée de personne de s'immiscer dans les affaires intérieures d'un gouvernement, — ce serait porter atteinte à ses droits naturels ; — mais, si l'on admet qu'une fois ce but atteint, la Russie cessera d'être un sujet de crainte pour l'Europe, il faudra bien admettre aussi que l'Europe étant intéressée au résultat, doit en quelque sorte aider la Russie à y parvenir.

On accuse la Russie de ne pas vouloir le progrès ; — il y a là un malentendu ; on confond vouloir avec pouvoir ; on oublie les trois grands éléments de la richesse publique qui, dans ces dernières années, ont donné une si grande impulsion à la France et à l'Angleterre : le crédit, le capital et les bras. — Ces trois éléments manquent à la Russie, et leur absence est le plus grand obstacle qui s'oppose au développement rapide de ses forces productives.

Si donc on avait pu prévoir les événements et jeter en Russie, en temps opportun, au lieu d'une armée de soldats une armée de travailleurs et de mécaniciens ; si on y avait introduit des compagnies pour la doter, au moyen des capitaux et du crédit, des quelques lignes de chemins de fer qu'elle attend pour prendre son essor, on aurait sans nul doute conjuré l'orage avant qu'il n'éclatât.

Occupée de l'exploitation de ses voies ferrées, de toutes les questions économiques que des communications faciles et rapides eussent mises à l'ordre du jour, le gouvernement russe eût été longtemps absorbé par des vues toutes pacifiques. — En peu d'années, d'immenses richesses, qui gisent aujourd'hui improductives sur le sol de ce vaste empire, eussent afflué partout où elles sont appelées à alimenter les fabriques et les usines.

La France et l'Angleterre, pour lesquelles l'abondance et le bas prix des matières premières et des produits du sol sont une question vitale, auraient été les premières à profiter de ce développement des forces productives de la Russie.

L'introduction des compagnies industrielles en Russie, entraînant avec elle un immense personnel d'agents et d'employés de tout ordre, aurait enfin contribué à faire connaître le pays et à réduire à leur juste valeur toutes les histoires absurdes qui aujourd'hui égarent l'opinion de l'Europe et la rendent complice de toutes les erreurs qui se commettent, et dont les peuples intéressés sont les premières victimes.

C'est ainsi que sur les déclamations de quelques publicistes, sur des données inexactes qui n'ont pu tromper les gouvernements, mais qui ont faussé l'opinion publique, il a été généralement admis que la Russie ne pourrait trouver en elle assez de ressources pour tenir tête à une agression aussi formidable que celle des deux puissances alliées, et surtout pour prolonger la lutte au delà de quelques mois; l'événement a prouvé que cette opinion était erronée. La Russie est un pays tout agricole; son commerce d'exportation est minime, en comparaison de celui qu'elle fait sur son propre sol; — il lui est donc plus facile qu'à toute autre puissance de trouver chez elle, sans bourse délier, les approvisionnements qui, partout ailleurs, entraînent de grandes dépenses. Le crédit n'existe pas en Russie, et ne peut par conséquent souffrir de l'état de guerre; quelques brèches faites à l'agriculture par le défaut d'exportation, par les lacunes que le manque de bras occasionne dans les semailles, se réparent plus promptement que celles des fabriques, car celles-ci basent leur prospérité sur le commerce extérieur.

Le champ qui reste à parcourir à la Russie pour mettre sa population et les diverses branches de sa richesse nationale en rapport avec l'étendue de son sol est si vaste, que bien des années s'écouleront avant qu'elle sente la nécessité de ralentir sa marche. D'ailleurs, pays éminemment agricole, elle ne fera jamais aux autres peuples une concurrence redoutable. Ses principales industries se basant sur les produits de son sol, elle offrira un placement assuré à celles qui, pour diverses raisons, ne peuvent s'acclimater chez elle, tandis qu'elles prospèrent ailleurs. L'Amérique seule pourrait craindre, pour quelques-uns de ses produits, la concurrence de la Russie; mais il me semble que c'est un inconvénient qui la regarde seule, et ne peut blesser en rien les puissances du continent Européen, qui, toutes, ont plus d'avantages à établir des relations suivies avec un pays qui, par sa position géographique, est appelé à jouer un grand rôle dans la famille Européenne, qu'avec les États-Unis d'Amérique dont les tendances, les vues et l'avenir, sont complétement indépendants de ceux de l'Europe.

On conçoit qu'avec le développement que sont appelés à donner à ses forces productives les chemins de fer et le crédit dont la France et l'Angleterre peuvent seules la doter, la Russie deviendrait bientôt le principal agent de la puissance manufacturière de ces deux pays : sa prospérité dépendrait de l'état florissant de leurs diverses industries, et elle ne serait jamais assez aveugle pour y porter atteinte ; — car, sans consommation, pas de production possible, — et de tous les fléaux qui peuvent atteindre le commerce et l'industrie, la guerre est le plus grand.

Parmi les personnes qui se préoccupent de l'avenir des peuples, il en est quelques-unes qui semblent redouter pour notre civilisation un retour à la barbarie. Loin de partager cette opinion, je me plais à la considérer comme une terreur chimérique. Mais admettons la possibilité de ce danger, supposons qu'un jour les peuplades barbares qui campent à l'est de l'Asie s'abattent sur l'Europe civilisée, le rôle naturel de la Russie ne serait-il pas d'opposer une digue infranchissable à leur envahissement ? Il me semble que si jamais l'heure fatale de cette invasion devait sonner, on s'estimerait heureux de trouver dans la Russie une alliée puissante prête à supporter victorieusement le premier choc des barbares et à les refouler dans leurs steppes ; mais, raisonnant toujours dans le sens de ces prévisions invraisemblables, ne pourrait-on pas, avant que l'orage n'éclatât sur l'Europe, le conjurer en portant la civilisation elle-même dans ces contrées reculées, en les élevant à notre niveau pour qu'un jour elles ne nous rabaissent pas au leur?

Qui peut prévoir aujourd'hui où doit s'arrêter le progrès des sciences et de l'industrie? Toutes deux mettent chaque jour au pouvoir de l'homme des agents nouveaux et puissants. Nous ne sommes encore qu'au début, et l'esprit est étourdi par ce qui est déjà tombé dans le domaine du possible. Si rien n'arrête ce mouvement de progression, dans cinquante ans, des questions que l'on ose à peine aborder aujourd'hui seront des faits accomplis.

Peut-être est-ce un rêve, une utopie; mais si j'essaie de soulever un coin du voile qui nous dérobe encore l'avenir, il me semble voir toutes les forces productrices des diverses nations de l'Europe arrivées à leur apogée, et cherchant déjà de nouveaux débouchés aux produits de leurs nombreuses industries : les marchés habituels ne suffisent plus, et pourtant c'est une question de vie ou de mort. — Si cette machine, si puissante, si perfectionnée, s'arrête, tout croulera. Où trouver un écoulement à toutes ces richesses? La vieille Europe ne suffit plus; les États-Unis règnent sans partage sur le Nouveau-Monde; l'Asie seule est ouverte, mais ses peuples barbares n'ont pas de besoins: on leur en créera. — Les voies ferrées de la Russie ont déjà atteint l'extrême frontière de l'Est; elles apportent sur tous les points de l'Europe où l'industrie les réclame, les produits des mines inépuisables de l'Oural : cette tâche est accomplie; une autre les attend. Elles vont devenir le point d'attache des diverses lignes asiatiques qui, de cette frontière, iront bientôt porter dans toutes les directions le surplus des richesses de l'Europe; créer l'aisance et le bienêtre qui mènent à leur suite l'adoucissement des mœurs et les éléments de la civilisation; convier, en un mot, au banquet des nations des peuples déshérités, que leur position excentrique a, jusqu'à ce jour, voués aux ténèbres de la barbarie; mais, quelque puissante que soit alors la Russie, une œuvre aussi gigantesque ne pourra être la tâche d'un peuple isolé : il lui faudra la coopération de toute l'Europe, comme toute l'Europe aussi sera appelée à profiter du résultat.

Plus de sept mille kilomètres séparent en ligne directe la frontière de la Chine de l'Oural; ces distances énormes peuvent paraître infranchissables, mais quand les chemins de fer n'étaient représentés en France que par l'unique tronçon de Paris à Saint-Germain, celui qui eût prédit le jour où la vapeur relierait la capitale à Marseille, Strasbourg et Bordeaux, ainsi qu'aux chemins de fer de Prusse et de l'Autriche, eût passé sans contredit pour un utopiste.

Quant au résultat financier de cette œuvre colossale, que l'on songe aux trois cent quarante millions d'habitants de la Chine, aux richesses enfouies dans la Sibérie orientale, à son climat qui, n'en déplaise aux préjugés établis, vaut beaucoup mieux que sa réputation, et l'on sera promptement rassuré, si l'on admet surtout que, par l'accroissement incessant de son industrie et de ses populations, l'Europe est condamnée à mourir, un jour, de pléthore. Il est une loi qui pèse fatalement sur les peuples, c'est la loi du mouvement; un temps d'arrêt est, pour eux, la dernière heure du progrès, la première de la décadence; l'histoire n'est que le développement continuel de ce thème unique.

Je l'ai déjà dit, ou je me trompe fort, ou la Russie est loin d'être épuisée par la guerre actuelle; si l'on pensait à lui imposer des conditions humiliantes, elle lutterait encore longtemps. L'empereur Alexandre II a reçu la guerre en héritage; il supportera ce lourd fardeau, quoiqu'il soit contraire à ses vues toutes pacifiques, à son esprit élevé et libéral—ceux qui l'ont approché savent que je dis vrai; il le

supportera jusqu'à ce que son peuple lui demande la paix.
Or, qui connaît le peuple russe, doit avouer que ce jour est
encore éloigné ; chaque famille, à quelque classe qu'elle
appartienne, a encore un fils à offrir pour la défense de la
patrie ; car, dans la pensée du Russe, cette guerre, quelles
qu'en soient les causes réelles, est une guerre sainte du
moment que le sol natal est envahi. Ce que je dis là n'est
pas dicté, comme on le croira sans doute, par un esprit de
partialité, mais par la connaissance des choses.

Il faudra donc, si l'on veut être logique, réduire la Russie
à la dernière extrémité ; mais, en supposant qu'on y parvienne, le but sera-t-il atteint ? Il lui faudra, sans doute, du
temps pour relever les murs de Sévastopol, mais ses soixante
millions d'habitants lui resteront, et si les intentions hosti-
les qu'on lui prête existent réellement, ce ne sera que partie
remise ; à moins que l'on ne songe à la démembrer, à
lui enlever la Pologne et à reconstituer cette dernière en
royaume indépendant. Mais, dans ce cas, est-ce la Pologne
de 1807 ou l'ancienne Pologne que l'on veut reconstituer ?
Dans le premier cas, le résultat obtenu serait bien chétif ;
dans le second, il faudra s'adresser au désintéressement de
la Prusse et de l'Autriche.

Il est une étrange illusion, une erreur vulgairement
accréditée dont on devrait, une fois pour toutes, faire justice.
Qu'est-ce que le peuple Polonais ? Comprend-on sous cette
dénomination la minorité des nobles indépendants qui ont
abusé, pendant des siècles, d'une liberté que trop souvent
l'on a vue dégénérer en anarchie, qui ont fait peser le joug
d'un esclavage exceptionnel sur toutes les autres classes de
la population ? Je suppose que ceux qui parlent du peuple
Polonais et désirent le rétablissement de cette nationalité
éteinte, confondent dans leurs vœux la noblesse, la bour-
geoisie et les paysans. Or, sans parler des gouvernements

de Kiew, de Podolie et de ceux de la Russie Blanche, qui, en retournant sous la domination Russe, n'ont fait que se rattacher à la mère patrie, dont la conquête les avait séparés, tout le reste de la Pologne, sauf la Mazovie, est de religion gréco-russe. Dans beaucoup de provinces, la race petite-russienne prédomine. Il suffit de jeter un coup d'œil sur l'histoire de ces pays pour savoir que les Polonais n'eurent jamais de plus irréconciliables ennemis que les Petits-Russiens ; ces deux peuples se détestent, et nulle part la servitude ne fut plus cruelle qu'en Pologne, où elle pesait sur une race conquise.

Tout bon Polonais demande aux peuples de l'Occident la reconstitution de sa nationalité au nom des droits de l'homme et de la liberté, mais peu d'entre eux se soucieraient de l'acheter à la condition de libérer leurs esclaves. Je n'en veux pour preuve que les réclamations qui se sont élevées de toute part quand on introduisit dans les gouvernements polonais les inventaires, pour empêcher la ruine complète des paysans et améliorer leur sort, en réglant les rapports de propriétaires à paysans sur des bases semblables à celles que la coutume a consacrées dans le reste de la Russie. Cinq ou six ans d'expérience ont prouvé que, ramené à l'état social du paysan russe, le paysan polonais échappait à la plus grande misère et pouvait vivre.

Le rétablissement de la Pologne n'est donc pas une question aussi facile à résoudre qu'on pourrait le croire, ni surtout une œuvre aussi conforme à l'esprit de liberté tel que l'entendent les principaux champions de la nationalité polonaise. Ils offrent en général l'étrange et plaisant spectacle de la démocratie plaidant, au nom de la liberté, la cause de la noblesse et de la servitude.

Les neuf dixièmes de la population des gouvernements polonais ont toujours été ou sont devenus russes et resteront russes, quoi que l'on fasse, d'esprit, de cœur et de religion.

Revenant maintenant à mon sujet principal, j'admets que l'on parvienne à ruiner la Russie et à lui faire accepter une paix humiliante : on l'aura reculée de cent ans. Épuisée et meurtrie, elle ne pourra pas, faute de ressources, songer à autre chose qu'à réparer ses forces, et dans cinquante ans d'ici, lorsqu'elle se sera relevée, l'Europe se retrouvera en face d'une Russie arrivée juste au même point où l'ont trouvée les événements de 1853, d'une Russie agricole et militaire, mais juste aussi industrielle et commerciale qu'il le faut pour ses propres besoins, et par conséquent placée dans les meilleures conditions pour soutenir une lutte de longue haleine. Et Dieu sait si alors l'Europe sera en mesure comme aujourd'hui de triompher.

En demandant à la Russie des sacrifices compatibles avec sa dignité, les gouvernements alliés assureront le rétablissement de la paix, ils favoriseront ainsi le retour d'une situation politique que l'Europe appelle de tous ses vœux.

Il ne resterait plus dès lors qu'à consolider cette situation en aidant la Russie à entrer dans la voie du progrès et des améliorations intérieures, en lui prêtant le concours efficace des capitaux et du crédit français et anglais. On trouverait, j'en suis persuadé, la Russie non-seulement disposée à accueillir toutes les ouvertures qui lui seraient faites dans ce sens, mais encore assez forte, assez riche pour apporter son contingent à l'œuvre commune. Elle s'occuperait, aussitôt que la paix serait rétablie et avec l'aide de ses nouveaux alliés, de la construction du réseau de chemins de fer qui doit donner l'élan à toutes les branches de sa richesse nationale, elle ouvrirait ses frontières à toutes les compagnies industrielles qui viendraient s'établir sur son sol et dont les intérêts coïncideraient avec les siens, elle resserrerait ses relations commerciales avec la France et l'Angleterre, elle assurerait aux étrangers qui lui apporteraient le concours de leurs capitaux toute la protection, toute la sécurité indispensable à leur complète sécurité; elle prendrait, en un mot, une série de mesures qui seraient autant de preuves de son désir sincère de se rattacher intimement à la famille européenne par ses intérêts agricoles, industriels et commerciaux. Ces mesures établiraient dans un avenir très-prochain une solidarité de bien-être et de prospérité qui rendrait désormais toute guerre aussi funeste à la Russie qu'aux autres puissances.

Enfin, le gouvernement russe pourrait promettre de suivre le premier la France et la Grande-Bretagne dans la voie féconde des Expositions universelles, d'en établir une prochainement dans une des villes centrales de l'Empire. Cette solennité seule contribuerait puissamment, par l'affluence d'étrangers qu'elle amènerait pendant sa durée, à faire connaître la Russie à ceux-là même qui sont dupes des fables que l'on débite sur son compte.

Elle développerait une merveilleuse émulation au sein des populations russes, — pourvu toutefois qu'elle eût lieu non à Saint-Pétersbourg qui ne diffère en rien des autres capitales et où l'élément étranger abonde, mais dans une des grandes villes de l'intérieur.

Jamais les circonstances ne furent aussi propices qu'aujourd'hui à la réalisation de ces brillantes perspectives. — L'empereur Alexandre II, avant de monter sur le trône, a donné des gages nombreux des sentiments élevés qui l'animent et des vues qui sourient le plus à son cœur. — Dévoué au peuple sur lequel il était appelé à régner un jour, il avait déjà, comme grand-duc héritier, porté toute sa sollicitude sur les grandes questions économiques; elles lui sont toutes familières.

Tandis que la main puissante de son père tenait les rênes de l'État, il étudiait les ressources de la Russie, les besoins de tout ce qui se rattache au développement de son bien-être et de sa grandeur. Les chemins de fer et les voies de communication perfectionnées ont été l'objet de ses études de prédilection : comme président du comité des chemins de fer, il n'a pas tenu à lui que depuis plusieurs années cette branche vitale de la grandeur de la Russie n'eût pris déjà une grande extension, mais des circonstances indépendantes de sa volonté ont paralysé ses efforts généreux.

Maître absolu aujourd'hui des destinées de son empire, il prêterait, sans aucun doute, un appui éclairé à toute combinaison qui promettrait des résultats heureux.

En un mot, des entreprises semblables à celle des chemins de fer autrichiens, qui, sous l'impulsion d'un homme supérieur, est appelée à amener une révolution dans le système économique de l'Autriche, trouveraient auprès de l'empereur Alexandre un accueil favorable, une protection puissante. Elles offriraient des chances de prospérité certaines et un placement des plus avantageux aux capitaux qu'on y engagerait.

C'est ainsi que, de la direction de l'esprit public russe vers des voies pacifiques, et des résultats matériels qui en découleraient, naîtrait une garantie solide et durable de l'équilibre européen.

PARIS. — IMPRIMERIE DE G. GRATIOT, RUE MAZARINE, 30.

www.ingramcontent.com/pod-product-compliance
Lightning Source LLC
Chambersburg PA
CBHW051442060726
47596CB00006B/2589